El mamut lanudo

Julie Murray

ANIMALES DE LA EDAD DE HIELO

Abdo Kids Jumbo es una subdivisión de Abdo Kids
abdobooks.com

abdobooks.com

Published by Abdo Kids, a division of ABDO, P.O. Box 398166, Minneapolis, Minnesota 55439. Copyright © 2026 by Abdo Consulting Group, Inc. International copyrights reserved in all countries. No part of this book may be reproduced in any form without written permission from the publisher. Abdo Kids Jumbo™ is a trademark and logo of Abdo Kids.

Printed in China

102025

012026

THIS BOOK CONTAINS RECYCLED MATERIALS

Spanish Translator: Maria Puchol

Photo Credits: 123RF, Alamy, Science Source, Shutterstock, ©Jonathan Chen p.1 / CC BY SA 4.0, ©Steve Jurvetson p.7 / CC BY 2.0

Production Contributors: Teddy Borth, Jennie Forsberg, Grace Hansen
Design Contributors: Candice Keimig, Pakou Moua

Library of Congress Control Number: 2025942215

Publisher's Cataloging-in-Publication Data

Names: Murray, Julie, author.

Title: El mamut lanudo/ by Julie Murray

Other title: Woolly mammoth. Spanish

Description: Minneapolis, Minnesota: Abdo Kids, 2026. | Series: Animales de la Edad de Hielo | Includes online resources and index.

Identifiers: ISBN 9798384908951 (lib.bdg.) | ISBN 9798384909538 (ebook)

Subjects: LCSH: Animals--Juvenile literature. | Extinct animals--Juvenile literature. | Ice Age--Juvenile literature. | Paleontology--Juvenile literature. | Zoology--Juvenile literature. | Spanish Language Materials--Juvenile literature.

Classification: DDC 569--dc23

Contenido

La Edad de Hielo 4

El mamut lanudo 6

Alimentación 16

Extinción. 18

Más datos 22

Glosario. 23

Índice. 24

Código Abdo Kids 24

La Edad de Hielo

Una glaciación o edad de hielo es un periodo en el que la mayor parte de la Tierra está cubierta por capas de hielo. La última comenzó hace 100,000 años y duró hasta hace 12,000 años. Algunos animales **se extinguieron** durante esta época de la historia.

El mamut lanudo

El mamut lanudo apareció aproximadamente hace 300,000 años. Vivió en Europa, Norteamérica y el norte de Asia. Se encontraba en las estepas cubiertas de hierba. Es pariente del elefante.

Europa
Norteamérica
Asia
África
Sudamérica
Oceanía

¡El mamut lanudo era un animal gigante! Podía llegar a medir 12 pies (3.7 m) de altura y pesar hasta 16,000 libras (7257 kg). Los machos eran más grandes que las hembras.

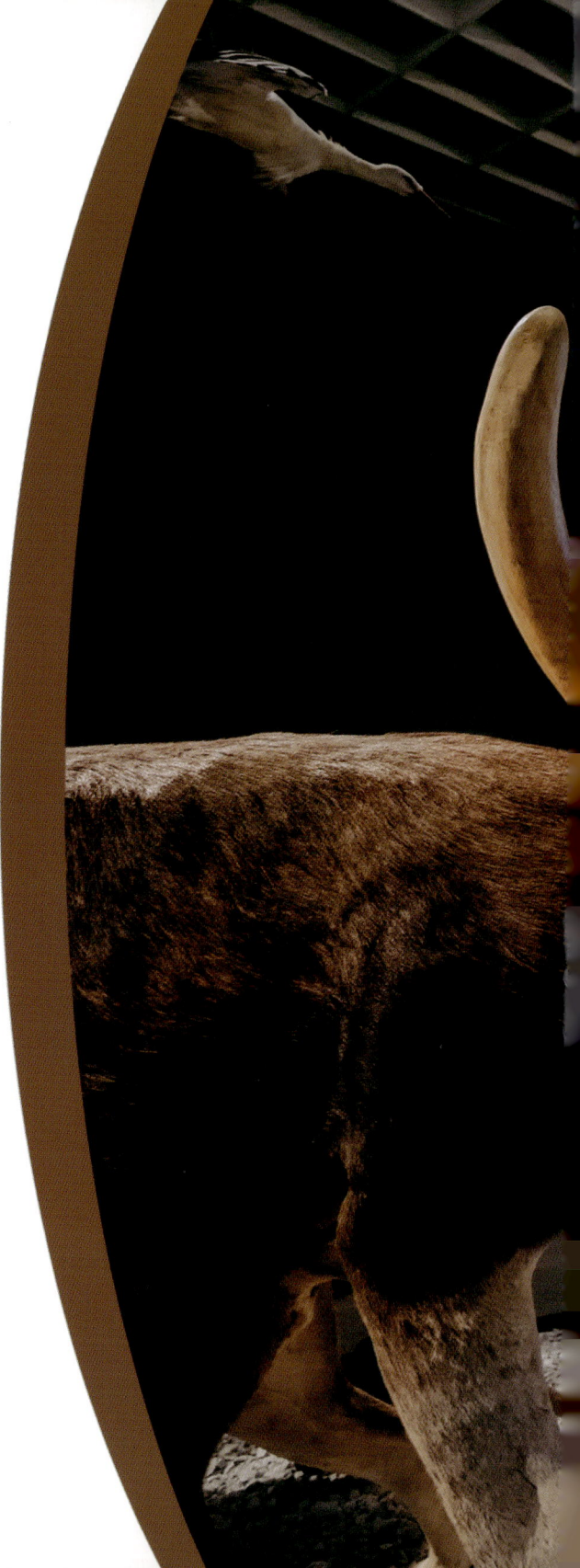

9

Tenía orejas pequeñas y cola corta. Su cuerpo estaba cubierto de pelo largo y despeinado de color marrón que le daba calor. Su pelo podía llegar a medir tres pies (0.9 m) de largo.

El mamut lanudo tenía dos grandes dientes llamados colmillos. Los colmillos podían medir hasta 14 pies (4.3 m) de largo. Los utilizaba para escarbar en busca de comida y para defenderse.

El mamut lanudo también tenía una trompa larga y **flexible**. Al igual que los elefantes modernos, la utilizaba para comer y beber.

Alimentación

El mamut lanudo era un rumiante. Comía hierba y hojas. Podía comer hasta 400 libras (181 kg) al día.

Extinción

El mamut lanudo se extinguió hace aproximadamente 10,000 años. El cambio climático fue una de las principales causas. Los humanos fueron otra razón de su exticnción.

Los humanos cazaban al mamut lanudo y se comían su carne. Usaban su pelo para hacerse ropa de abrigo. Con sus colmillos y huesos fabricaban herramientas y armas.

Más datos

- El mamut lanudo tenía **molares** gigantes. Los molares le servían para triturar la comida.

- Tenía una joroba en la espalda donde almacenaba grasa. Esto le permitía sobrevivir cuando no era fácil encontrar comida.

- Vivía en **manadas** de alrededor de 15 miembros.

- Un mamut lanudo recién nacido se llamaba cría y pesaba 200 libras (90.7 kg).

Glosario

cambio climático – cambio en los patrones climáticos globales y regionales.

estepa – llanura seca y cubierta de hierba que se da en climas templados situados entre las regiones tropicales y polares.

extinción – que ya no existe.

flexible – que se dobla con facilidad sin romperse.

manada – conjunto grande de animales que vive, se alimenta y se mueve en grupo.

molar – diente grande situado en la parte posterior de la boca, con una amplia superficie de mordida que sirve para triturar los alimentos.

rumiante – animal que se alimenta de hierba.

Índice

alimento 14, 16

cola 10

color 10

cuerpo 10

dientes 12, 20

hábitat 6

humanos 18, 20

oído 10

pelo 10, 20

tamaño 8

trompa 14

¡Visita nuestra página **abdokids.com** para tener acceso a juegos, manualidades, videos y mucho más!

Los recursos de internet están en inglés.

Usa este código Abdo Kids

IWK6370

¡o escanea este código QR!